T0362519

"Ko te pukapuka nei, *A Ariā me te Atua o te Kūmara,* te paki ahumuri o *Te Kōkōrangi* (2022). I taua paki tuatahi ka riro a Ariā — a tuakōhine — hei pia mā Te Kōkōrangi, ki reira ako ai i ngā mātauranga o Matariki me te whakatō kūmara. I tēnei paki tuarua, ko tā rātou ko ana hoa, a Tahi, a Mākura, a Iwihōia — me tana kurī pirihonga — he whakamahi i ērā mātauranga, he nanao hoki i te mātauranga hou, e tae atu ai rātou ki a Whānui, ki te whetū koia te kāinga o te atua o te kūmara. Āe rānei ka tae pai atu rātou?

He rite a Ariā me ngā tama ki ngā taiohi kei Aotearoa i ēnei rā. He ao hurihuri hoki, ka mutu he uaua te mōhio he aha ngā rautaki me mātua hāpai ake hei karo i ngā wero huhua, e ora ai te tangata. He wā anō me tahuri ki te pūkenga hou hei whakatutuki i te mahi hou. Ahakoa te aha, me ako tonu. *Whāia te mātauranga hei*

Nā Witi Ihimaera

Nā Isobel Joy Te Aho-White ngā whakaahua

Nā Hēni Jacob te whakamāoritanga

a Ariā me te Atua o te Kūmara

Te Rerenga o Whānui

PUFFIN

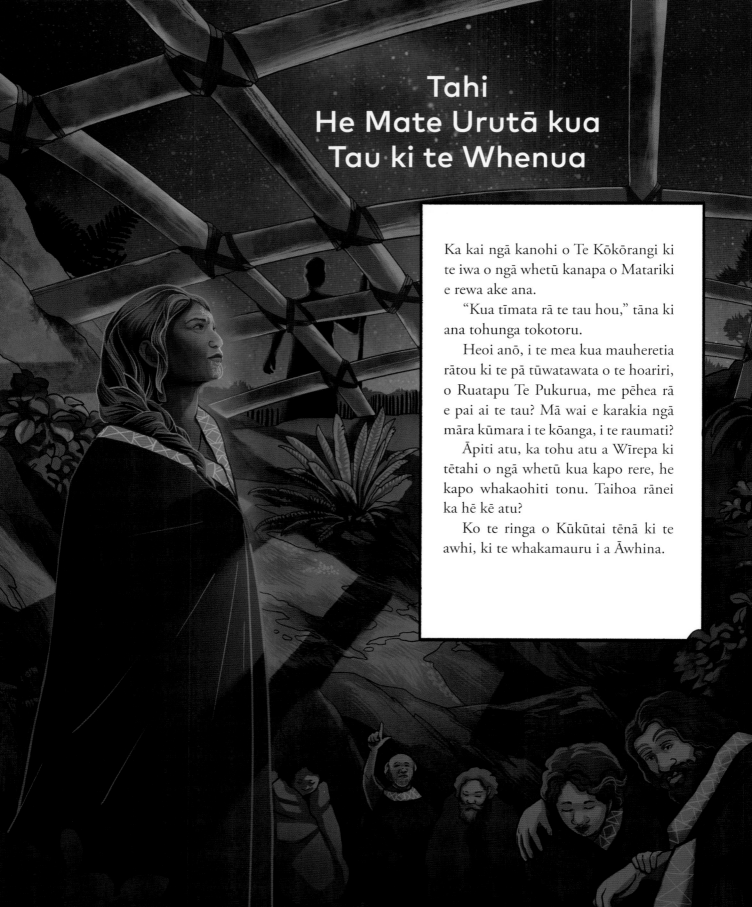

Tahi
He Mate Urutā kua Tau ki te Whenua

Ka kai ngā kanohi o Te Kōkōrangi ki te iwa o ngā whetū kanapa o Matariki e rewa ake ana.

"Kua tīmata rā te tau hou," tāna ki ana tohunga tokotoru.

Heoi anō, i te mea kua mauheretia rātou ki te pā tūwatawata o te hoariri, o Ruatapu Te Pukurua, me pēhea rā e pai ai te tau? Mā wai e karakia ngā māra kūmara i te kōanga, i te raumati?

Āpiti atu, ka tohu atu a Wīrepa ki tētahi o ngā whetū kua kapo rere, he kapo whakaohiti tonu. Taihoa rānei ka hē kē atu?

Ko te ringa o Kūkūtai tēnā ki te awhi, ki te whakamauru i a Āwhina.

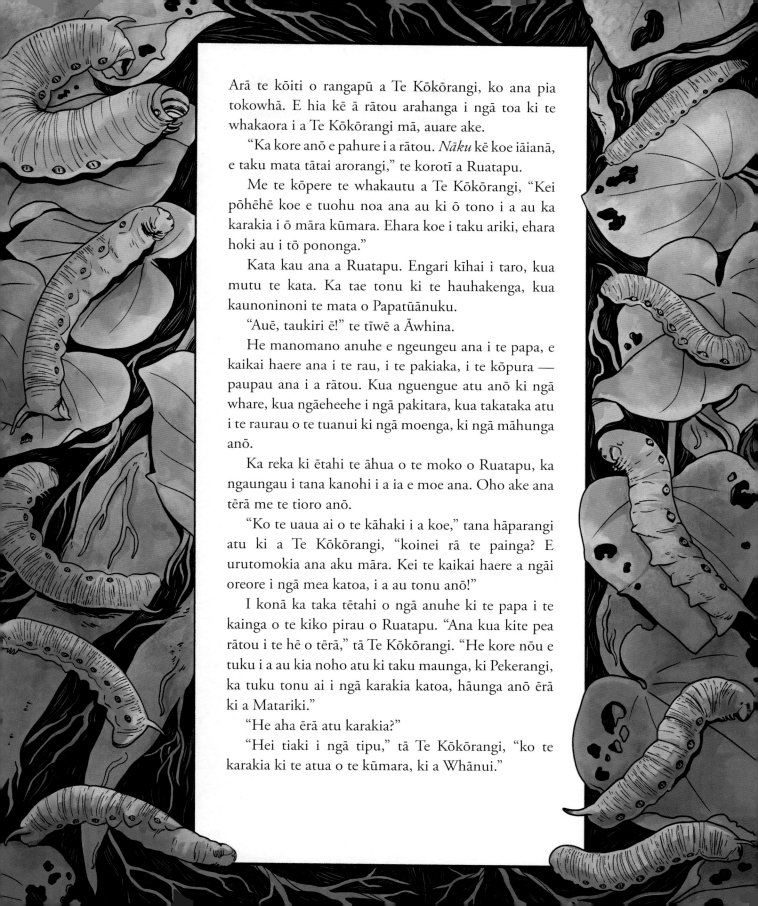

Arā te kōiti o rangapū a Te Kōkōrangi, ko ana pia tokowhā. E hia kē ā rātou arahanga i ngā toa ki te whakaora i a Te Kōkōrangi mā, auare ake.

"Ka kore anō e pahure i a rātou. *Nāku* kē koe iāianā, e taku mata tātai arorangi," te korotī a Ruatapu.

Me te kōpere te whakautu a Te Kōkōrangi, "Kei pōhēhē koe e tuohu noa ana au ki ō tono i a au ka karakia i ō māra kūmara. Ehara koe i taku ariki, ehara hoki au i tō pononga."

Kata kau ana a Ruatapu. Engari kīhai i taro, kua mutu te kata. Ka tae tonu ki te hauhakenga, kua kaunoninoni te mata o Papatūānuku.

"Auē, taukiri ē!" te tīwē a Āwhina.

He manomano anuhe e ngeungeu ana i te papa, e kaikai haere ana i te rau, i te pakiaka, i te kōpura — paupau ana i a rātou. Kua nguengue atu anō ki ngā whare, kua ngāeheehe i ngā pakitara, kua takataka atu i te raurau o te tuanui ki ngā moenga, ki ngā māhunga anō.

Ka reka ki ētahi te āhua o te moko o Ruatapu, ka ngaungau i tana kanohi i a ia e moe ana. Oho ake ana tērā me te tioro anō.

"Ko te uaua ai o te kāhaki i a koe," tana hāparangi atu ki a Te Kōkōrangi, "koinei rā te painga? E urutomokia ana aku māra. Kei te kaikai haere a ngāi oreore i ngā mea katoa, i a au tonu anō!"

I konā ka taka tētahi o ngā anuhe ki te papa i te kainga o te kiko pirau o Ruatapu. "Ana kua kite pea rātou i te hē o tērā," tā Te Kōkōrangi. "He kore nōu e tuku i a au kia noho atu ki taku maunga, ki Pekerangi, ka tuku tonu ai i ngā karakia katoa, hāunga anō ērā ki a Matariki."

"He aha ērā atu karakia?"

"Hei tiaki i ngā tipu," tā Te Kōkōrangi, "ko te karakia ki te atua o te kūmara, ki a Whānui."

Rua
He Tono nā Ruatapu

Tērā a Ariā rātou ko Tahi, ko Mākura, kei te maunga o Pekerangi e hanga ana anō i te mātairangi. Kua monemone noa te kāinga i ngā ahi i tūngia e Ruatapu i tana kahakitanga i a Te Kōkōrangi.

Ka tae mai ngā rangatira o ngā mānia ki te kite i a rātou. Ko Iwihōia hoki i tō rātou taha. Kei hea kē te pia tamariki nei o mua? Tū kē mai ana ko tētahi tāroa, he tore kai huruhuru tonu.

"Kua tae mai te tono a Te Pukurua," tā Iwihōia.

Nō te rongonga i te ingoa o Ruatapu, tutū ana tērā ngā huruhuru i te tuarā o Kurī, te mōkai a Ariā, me te ngunguru anō.

"Kei te tukua pea tō tātou kuia!" te utu a Tahi. "Ā, mehemea e pērā ana, kua rite te mātairangi hei maioha atu ki a ia."

"E hiahia ana ia kia haere atu tātou ki tōna kāinga," te āpiti a Iwihōia.

"He māminga," tā Tahi.

"Āe rā," tā Mākura, "ka riro hoki ko tātou hei mōkai mā Ruatapu i te taha o Te Kōkōrangi me ō tātou kaiako."

"He pēhea ōu nā whakaaro?" te pātai a Ariā ki a Iwihōia.

"Ki te riro katoa tātou i a Ruatapu, kua kore he matakōkōrangi mō te iwi nei."

"Heoi anō," te tohe a Ariā, "ki te kore tātou e haere, ka noho papa ko ō tātou kaumātua."

I konei kua kimi a Ariā i te whakaaro o tētahi atu. "Kia kotahi te pahu mēnā e tika ana kia noho tātou," tāna atu ki a Kurī. "Kia rua ngā pahu mēnā ko te haere te mea tika."

Ka *pahu* a Kurī. Kātahi ka *pahu* anō.

Ko te haere a Ariā rātou ko Tahi, ko Mākura, ko Iwihōia ki te nōhanga o Ruatapu, mā waenga i ngā māra kūmara kua honia e mate. He pūrehu manu kei runga e tioro ana, he anuhe tā rātou hākari. Ko te piro o te kūmara pirau e iri ana i te hau takiwā.

"Huri ki hea, he kūmara e matemate ana," tā Ariā.

E rua ahiahi i muri, ka tae rātou ki te pā o Ruatapu. Me he angaanga e noho ana ki te toka, e whakarae atu ana ki te moana. Tukua ana e te iwi kāinga ngā taunu ki a Ariā me ngā tama i a rātou ka whakatata atu.

Reia ana a Te Kōkōrangi e Tahi rāua ko Mākura. "Kei te pai koe? Kua mahi te iwi ki te whakaora i a koe, engari kāore he tētēkura pērā i a Hautoa hei ārahi i a mātou. He kaipare hoki tātou, ehara i te kaituki."

Nō te rongonga o Te Kōkōrangi i te ingoa o Hautoa, ka tata hinga i te murimuri aroha. Ko Hautoa tana tino toa pirihonga ā taea noatia te rā i kōhurungia ai ia e Ruatapu. Engari i te kitenga i a Iwihōia e tū ana i mua i a Ariā, ko te taiaha kua rite, ka mea ake ia "Ara mai he Hautoa hou."

Ehara ko Iwihōia anahe te kaitiaki i a Ariā. Ka mahi a Kurī ki te rere tārewa ki ngā kurī e auau ana ki a ia, kei reira a Ariā ki te whakaita i a ia. Mate whakaaro tahi, ora whakaaro rua: hiki ana te waewae o muri o Kurī ki te mimi. Pukuriri pai ana te au kāinga i te mīanga o tō rātou marae!

Ka mahi a Ariā ki te pēhi i tōna wehi. E kore rawa e wareware i a ia te kōhuru a Ruatapu i ōna mātua i te wā e pēpē ana ia. Ka ngā tōna manawa, kātahi ka titiro whakahī atu. "I te hiahia kite koe i a mātou?"

Huri atu ana a Ruatapu ki a Te Kōkōrangi. "Kāore te kōtiro nei e koemi i taku aroaro, kāore hoki e rere ki ō ringa tauawhi."

"Kua whakaakona paitia," tā Te Kōkōrangi me te whakahī anō, "ka mutu nōna anō tōna mana. Nō reira, me tuku kē tō tono ki a ia."

"Kua kite koe kua kino katoa te kūmara," tā Ruatapu ki a Ariā. "E kore e mate i a mātou ngā anuhe. Me tiki kē he kōpura hou."

Ka titiro ia ki a Te Kōkōrangi me ana tohunga, ko te arero e whēterotero ana, pēnei i te mokomoko matekai nei.

"Ā, mā wai e tiki?" tāna, me te kata anō.

"Kua whakaae mātou ko mātou e haere," tā Te Kōkōrangi ki a Ariā. "Engari ka uaua. Kua kore he kūmara i te mata o Papatūānuku. Me tiki kē i te atua, i a Whānui." Ka tohu tana ringa ki te rangi. "Arā ia, kei tōna whetū, kei te mea kānapanapa, āhua kahurangi nei, o te kāhui rā."

Kua koroingoingo a Kurī. *Nē? Kei runga riro rā?*

Ko ōna waewae o mua ki te ārai i ōna karu.

"He aha i noho ai te kūmara ki reira?" tā Mākura.

"Kei te mahara koutou ki tāku i ako ai, ko Matariki kei tētahi kāhui whetū, ko Whānui kei tētahi? te ui a Te Kōkōrangi, me te whakakao i āna pia ki rahaki. "Engari he haere kōtui tonu. Ko Matariki tēnā ki te taki i te whakatōnga o te kai; ko Whānui ki te hauhakenga."

Tungou ana a Tahi. "Ka puta Matariki, ka rere Whānui."

"Ka pai, e Tahi. Ā, nō te wehenga o Papatūānuku rāua ko Ranginui, ka taki whawhai te whitu tekau o ā rāua tama."

"Ka hē katoa ngā mea katoa," tā Mākura, e mahi ana kia aro mai a Te Kōkōrangi ki a ia. "Ko ētahi o ngā tama i tautoko i a Tāne, te atua o te wao, o te manu, o te tangata, nāna hoki i ārahi te wehenga. Ko ētahi ia i hono ki a Tangaroa, ki te atua o te aumoana, me tōna anō hikuroa. Ā, arā anō a Tāwhirimātea, te atua o ngā hau o te ao, nāna tāna apataki i ārahi ki te haupatu i a Tāne rāua tahi ko Tangaroa."

Ki konā ngā tama tatari ai kia kōrero ko Ariā, engari e horokukū ana ia.

"Te āhua nei i te moe kē a Ariā i te rangi i puta ai i a koe ērā kōrero," tā Tahi ki te kaiako, ki a Kūkūtai.

Āhua hīkaka i konā te ihu o Ariā. "I tukua noatia koutou, ngā piamuri, kia kōrero, kia kite ai au mēnā e maumahara ana koutou."

Hūrori ana ngā tama i te kata. Nōhea hoki i piamuri ai!

"Heoi anō," te āpiti a Ariā, "ki te mea koutou ki te whakamātau i a au, ā kāti, āe, i tū ōna anō pakanga. Hei whakamauru i te riri, tohua ana e Tāne ko tana tuakana, ko Rongo, hei atua o te rongomau. Arā tōna ito, ko Tūmatauenga, te atua o te pakanga."

Ka kite a Te Kōkōrangi e pūkākā haere ana a Ariā. "Heoi anō," tana kohiko atu, "kāore a Tū i tautoko i *tētahi* o ana tēina, o ana tuākana! Ko tāna hei tohu i tana matakawa ki a Tāne, ko te hopu i ōna uri whai parihau. Ko tāna ki a Tangaroa, ko te hao i ōna uri whai hiku. Ka tae ki a Rongo, inā kē te kino o tōna nguha. Ka arumia ngā uri kūmara katoa a Rongo, ka pau i a ia te kai."

"Tino kino te ririhau o Tū ki a Rongo," te āpiti a te tohunga, a Wīrepa, "he kore nōna i hiahia kia mau te rongo."

"Ka kite ake a Papatūānuku i tēnei," tā Kūkūtai, "ka mea ia māna e whakaruru ngā tamariki a Rongo, koia i noho mai ai te kūmara ki tōna kōpū. Engari, ka haere te riri, ka huri ngā kūmara hei kōpura, me te aha, ka . . ."

". . . pihi ake ngā rau i te whenua, i mōhiotia ai ko hea tō rātou hunanga," te kokoti a Āwhina.

Kata ana a Te Kōkōrangi ki ana tohunga. Me te pia nei anō te whakataetae a tētahi ki tētahi. "Ka oke a Rongo ki te whakaora i āna kūmara, engari i te mutunga iho, ka mate tana huna ki tētahi wāhi tē kitea e Tū — arā, ki te whetū nei ki a Whānui, hei tiaki mai mā tērā o ana tēina."

I konei ka ngā te manawa o Te Kōkōrangi.

"E whitu hurunga ake nei o te rā, ko tētahi pūtahitanga motuhake o Wā rāua ko Takiwā, e tae atu ai mātou ko aku tohunga ki a Whānui."

He aha rā tēnei e kōrero nei ia? Ka mutu e whitu noa ngā whitinga o te rā — kāore tērā i roa.

"Engari, he here kei runga," tā Ruatapu, me te toro o te waewae ki mua. Ka tohu te ringa ki a Ariā me ngā tama. "Ki te kore ō koutou kaumātua e hoki mai, ko koutou kē hei whakakapi, hei pononga māku."

Titiro ana ngā tama ki a Ariā. Me he whakatau nui, kua huri kē rātou ki a ia.

"Ka pai," tā Ariā, kāore nei he tawhitawhi.

Toru
Te Haere ki te Pito Mutu o te Ao

He reo takutaku i te pōuriuri, koia te kaiwhakaoho i a Ariā. Taihoa ka whātare mai te rā ki te pā o Ruatapu, ko te hurunga tuatahi tēnei. Ka ono atu anō.

"Piki atu mātou ki te rangi tuatahi," te kupu a Te Kōkōrangi i te whare.

Kati ana ngā mata o Wīrepa i te kaha o te arotahi, "Ki te rangi tuarua."

"Ki te rangi tuatoru," tā Kūkūtai.

"Ki te rangi tuawhā," te tāpiri a Āwhina.

He tauhou tēnei karakia ki a Ariā. Kei te taunga ia ki te taki karakia ki ngā atua, engari nō wā kē, nō wāhi kē tēnei nā. Inā kē te ātaahua, me te piki ake o te tangi. Uaua ana te kore e kuhu atu ki te takinga.

Kātahi a Ariā ka kite kei te oho anō ko Iwihōia. Kua pau rānei i a ia te pō, he tūtei te mahi?

"Taihoa ka haria mai e ngā ringa whakaherehere he kai mā tātou, tā Te Kōkōrangi, "kātahi ka haere. Ariā, ka whaihua pea tēnei ki a koe."

Mōhio tonu a Ariā ki te rākau ūiraira ka homai ki a ia. "Ko te taiaha a Taramainuku, te kaihautū o Te Waka o Rangi, nāna rā i whiu mai, he whakatoatoa nōku ki te titiro ki a ia."

Ka āta haumiri a Te Kōkōrangi i te kanohi o Ariā. "Kua tata ngaro te nawe o te taiaha. Engari anō taku mauri rere! Pēnei au kua riro koe, kāore he hokinga mai. Nā, haere ki te whakaoho i a Tahi rāua ko Mākura."

"E, mā rāua anō e oho mai." I te kawa tonu a Ariā i te whakatoi mai a ngā tama i nakua nei.

"Koi raru koe i tō hūneinei," tā Te Kōkōrangi. "Ina pēnā, tērā ka haumaruru koe, ka hē ō mahi."

"Haumaruru? Kāore au e haumaruru!"

Heoi anō, e whakaae ana a Kurī ki tā Te Kōkōrangi, ka paku ngau i a Ariā.

"Ākona he aha te mea e hira ana, he aha te mea e hauarea ana," tā Te Kōkōrangi. "He hauarea te matangerengere ki ngā tama. Tēnā haere ki te whakaoho i a rāua."

E rima tekau ngā toa a Ruatapu e whanga mai ana i te māeke o te ata. Herea ana e rātou ngā kawititanga o ngā ringa o Te Kōkōrangi, o ana tohunga me ngā pia. Ka herea hoki ki te hono a te kiore, tētahi i muri i tētahi. Ki te tūtuki te waewae o tētahi, ka hinga, ko te katoa tēnā ka hinga.

"E ahu ana tātou ki hea?" te pātai a Ariā.

"Ki Te Wao Nui o Tāne i tēnei rā," te utu a Te Kōkōrangi.

"Ki Te Wao Nui o Tāne?" te toaitanga i te ngutu o Tahi. "Ko te pito tērā e mutu ai tō tātou ao? Whakamataku ana!"

"He tuoro, he kākarepō kei reira," tā Mākura, me te koni atu kia tata ake ki a Te Kōkōrangi.

Ka pōpōhia e te kuia te māhunga o Tahi. "Mēnā koe e wehi ana i Te Wao Nui, ka pēhea kē koe i te ao kei kō atu o tērā?"

Ka rahi haere ngā karu o Tahi, etia anō he rau nō te puka. "Ka nui ake i tērā te whakawehi?"

"Ko Te Wao Nui o Tāne te mutunga o tō tātou nei ao," tā Te Kōkōrangi, "engari koia anō te tīmatanga o tētahi ao kē atu. Kei reira te whenua o ngā ariki o tuauri whāioio: he atua tāne, wahine e ora ana i mua noa atu i te tangata. Koirā hoki te kāinga o Hine-nui-te-pō. Koirā te wāhi i haere ai a Māui ki te kimi i a Muri-ranga-whenua, i a Mahuika. Kei tua anō hoki o Te Wao Nui te patupaiarehe, te tūrehu me te maero. Taihoa anō ngā kōrero mō rātou — ka nui tēnei mataku i a koutou nā."

"Ko te aranga ake o ngāi tāngata, ko te maunutanga atu o ērā hautupua i te ao nei," tā te tohunga, tā Wīrepa.

"Engari mahue mai ana i a rātou ētahi hanganga whakahirahira," te whai atu a Te Kōkōrangi. "Pēnei me te Toi Huarewa, te ara hono i a Papatūānuku ki te rangi taukapokapo, ki te kāinga o ngā atua o te rangi. Koirā te wāhi e haere nei mātou ko aku tohunga."

Ka mea ā, ka puta mai a Ruatapu i tōna wharemoe ariki. Ka mea ake, "Kua rite tātou?" me te hītakotako anō.

Ka titiro ia ki tana whataamo. Māna anō e haere mā raro? Engari hoki mō tēnā!

"He aupuru anō mō taku nono," tāna whakahau.

Huri atu ana a Te Kōkōrangi ki a Iwihōia. "Māu mātou e taki," tana tohu atu. "Kaua e pōturi, kaua e tere rawa."

Tungou ana a Iwihōia. "Kua rite tātou, e kui mā, e koro mā? Tahi rua toru . . ."

"*Tahi rua toru . . .*" te toai ngātahi atu o ngā ngutu o ngā mauhere.

Tahi rua toru, *tahi rua toru*, tahi rua toru, *tahi rua toru*.

Ka āta haere ngā mauhere i te ati, kia takahi ngātahi ai ngā waewae.

Mōhio rawa ake a Ruatapu me ana toa, kei muri kē e kai puehu ana.

"Kia tere te hono atu anō ki a rātou!" tana tioro ake.

E anga whaka-te-rāwhiti ana.

Ko Kurī ki muri, ko ia te hiku.

Ka tae ki te wā mō te kai, kua māharahara a Te Kōkōrangi. "Nō tātou ka wehe i te ata nei, e huru ake ana te rā i mua tonu i a tātou. Ināianei, kei muri kē. E ū tonu ai tātou ki ngā whakarite, me tae ki Te Wao Nui ā te pō nei."

Ka hiki te tira ki te whakangā, ki te kai hua rākau ririki i te taha o tētahi kōawa. Kua raru a Wīrepa i te mamae o tōna hope, kua takoki te whatīanga waewae o Kūkūtai. Ka rangā e Iwihōia he mea hei whītiki i te hope o Wīrepa; ko Āwhina ki te mahi whakapiripiri ki te kawakawa hei whakamauru i te waewae o Kūkūtai.

"Kei te pau haere te wā," tā Te Kōkōrangi ki a Ruatapu. "E kore mātou e pūrere. Tēnā wetekina ngā taura e here nei i a mātou, kia tere ake ai te haere."

Ngangara ana a Ruatapu, engari me te whakaae anō.

"Kia toitoi te haere," te whakahau a Te Kōkōrangi ki a Iwihōia.

"Ka pēhea a Wīrepa rāua ko Kūkūtai?"

"Ka mau tonu mai."

"Tahi rua toru," tā Iwihōia hei taki anō i te tira.

Ka toro te waewae o Wīrepa, ka tapepa, kātahi ka tika anō.

"*Tahi rua toru . . .*" te utu tukutahi a ngā mauhere.

E whā hāora i muri mai, kua rokohanga rātou e te pō. He ruru e topa ana i runga o ētahi maunga teitei, pōuriuri nei.

"Ko Te Wao Nui o Tāne," tā Te Kōkōrangi me te whakamīharo anō. "Atu i konei nā, ko te haere a te tauhou i te ao hou."

"Kāti, ki konei tātou moe ai," tā Ruatapu me te āmaimai, "kia awatea, ka takahi anō i te ara."

Whakawehi ana te āhua o te ngahere. *Kei whakatata mai.*

Ka tohe a Te Kōkōrangi. "Ko te tawhiti ake o te haere iāianei, ko te tere ake o te tae atu."

"Engari he aha ngā mate e whanga mai rā i te wao? Tē kitea he aha kei kō atu o ngā rākau!"

"Mā Hautoa e tohu mai te ara," tā Te Kōkōrangi, me te tātaku i tana karakia.

Auau ana a Kurī i te topanga atu o tētahi unahiroa i te rangi, i mārama ai te kitea atu o tētahi awa e rere ana i waenga i ngā rākau.

"Tahi rua toru," te tīwaha a Iwihōia.

Heoi anō, ka pau te hāora, ka ngaro te unahiroa. *Ki konei okioki ai, e kui.*

Whā
Te Toi Huarewa

Nō te whitinga tuarua o te rā i tā rātou haere, ka noho anō a Te Kōkōrangi ki te tātaku karakia, ko taua karakia tuauki anō.

"Ko hea te tuarima o ngā rangi, te tuaono, te tuawhitu?" tana pātai atu ki ana tohunga tokotoru.

"Whakamāramatia mai."

Rā roto anō i te moe, ka tautoko te reo o Ariā i ngā kupu arorangi a Te Kōkōrangi. Ka rongo hoki te kuia, ka tono i a Āwhina kia kawe mai i a Ariā ki te taha o te ahi.

"Ahakoa moe te kōtiro, kei te rongo anō a hine*ngaro*," tā Āwhina.

"Āe rā," tā Te Kōkōrangi me te mene anō, "he kōrero tonu kei te uru."

I te ohonga ake o Ariā, kua kohu katoa te wao. Tērā a Te Kōkōrangi e titiro ana ki waho tata atu.

"He take tonu i whakatūria ai tātou e Hautoa i te pō rā. Kotahi anō hīkoitanga o te waewae, kua taka atu tātou ki te mate," tana kī ake.

Kua pau i a rātou te pō ki te tapa tonu o te tūpari. Ko te awa i whāia i te kengo, he putuputu tana heke haere i te pari, he wairere nui te otinga atu. Hiki rawa ake te kohu, kitea atu ana ko te mānia kei raro rawa, kua taumarumaru i te tūnga mai o tētahi hanga rahi e ārai atu ana i te whitinga o te rā.

"He aha rā tērā?" te kuha a Ariā.

"Ko te Toi Huarewa," te kohimu a Te Kōkōrangi. "Tērā au te kūwata rā he pono; kīhai au i whakapono rawa . . . engari kua whakapono iāianā."

I te orokohanga ake o te Wā me te Takiwā, he aka inā kē te mātotoru kua rarau ki te whenua, nāwai ā ka toro haere pēnei i te pourewa nei ki te rangi. He arawhata tōrino hoki e taiāwhio haere ana i a ia. Ānana, koia kē tā Te Kōkōrangi i mea ai hei ara ki a Whānui!

I runga anō i te manawarū, ka pā te karanga a Te Kōkōrangi. "Tēnei mātou te maioha atu nei, e te Toi Huarewa, e te marutuna e hono ana i a Papatūānuku ki ngā rangi. Kei ngā wehi o te rangi, kei ngā kōmaru, ngā marama, ngā whetū, e mihi kau ana!"

Ko te whitinga o te rā te whakautu, i kitea ai ētahi atu wāhanga o te arawhata.

Ohomauri ana a Ariā. "Ira," tāna ki a Kurī, "he nui ngā aka tāepa kua hua mai i te aka matua, i te aka koroua. Kei te piri haere, huri noa i tō rātou tupuna, engari . . ." ka piki haere ngā kanohi o Ariā i te Toi Huarewa ". . . ka tae ake rātou ki hea?"

Oho ana hoki te mauri o Kurī.

Hei āpiti ki te maruwehi o te aka matua, arā hoki te mahi a te aka e hāpainga ana e ia, e ngaro atu ana ki te rangi. Ko ētahi e toro huapae ana i te pae kapua, ko ētahi e nunumi whakarunga ana ki rangi riro.

Ka whakautu a Te Kōkōrangi i te pātai a Ariā, "He arawhata te Toi Huarewa ki te rua tekau o ngā rangi. Kua rongo rānei koe i te kōrero mai, mai anō mō tētahi taitama ko Tāwhaki te ingoa?"

"Tāwhaki?" te toai o te ingoa i te ngutu o Ariā.

"He mea tautapa ia e tōna kuia, e Whaitiri, māna e whakaora te ao. Ahakoa ngā kohakoha a Rongo, te atua o te rongomau, kua hoki haere te tangata ki ngā mahi a Tū, ki te pakanga. Nō reira te tuku a Whaitiri i tana mokopuna ki te whakatutuki i tētahi mahi nui. Ka tonoa ia kia kake i te Toi Huarewa ki te tihi rā anō. Hei reira ia kite ai i ngā kete e toru o te mātauranga, hei whakahoki mai ki te whenua. Mā reira e hoki ai te iwi Māori ki te noho i runga i te rangimārie."

Kua kite haere a Ariā e ahu pēhea ana ēnei kōrero. He tohutohu kei te haere kia kaha ake tāna aro ki ngā akoranga. Āhua hō ana ōna ngutu, me te whiri anō o ngā ringa. "Ana kāore e kore," tana kupu āhua kawa nei, "E mātua hiahia ana a Tāwhaki ki tētahi karakia, ā, nā Whaitiri ia i ako, nē rā?"

Ka pahemo atu te hā kawa o tana kōrero i a Te Kōkōrangi. "Āna. Me uru he āhuatanga atua ki roto i a Tāwhaki, kia ora ai ia i te taenga atu ki ngā rangi tūhāhā. Ā, ko te karakia i ako ai ia, he mea tuku iho i tētahi whakatupuranga ki tētahi. Ka iwa ōku tau, ka tau mai ki a au. He kite pea nō aku kaumātua ka eke tēnei tūāhua."

"Tēhea tūāhua?"

"Tā mātou tāwhai ko aku tohunga i a Tāwhaki, ka piki i te Toi Huarewa, ka tatari kia hipa a Whānui. Me tae noa mātou ki runga rawa o te tuatahi o ngā rangi . . ."

"Māringanui!" tā Ariā. Ngangara ana a Kurī i te whakatīkai a Ariā.

". . . ā te tuawhitu o ngā hurunga ake o te rā, ka kimi ai i ētahi whetū kānapanapa e toru e mahuta ake ana i Pekerangi. Ko tētahi o rātou, ko Whānui."

"He koanga ngākau he māmā noa iho," tā Ariā. "He mahi kai parāoa ki ētahi kaumātua tokowhā te piki ki te tuakaihau rawa. Ahakoa te hē o te hope o Wīrepa, te waewae takoki o Kūkūtai, ka ngāwari noa te peke atu ki a Whānui i a ia ka rere atu, nē rā."

Ka mea a Te Kōkōrangi ki te whakahē, ka kokotia e ētahi hanga rerekē e takataka ana i ngā rākau. He tūrehu, he hanga nō te ao o mua noa atu i te tangata. He pūhutihuti ngā makawe — tūkirakira ana me te huhua noa o ngā tae, he kahurangi, he wherowhero, he aha atu. Arā rātou e mātaki rā, e whakarongo rā ki a Te Kōkōrangi. Ināianei kua karapoti mai i a ia, kua tūturi ki ōna waewae.

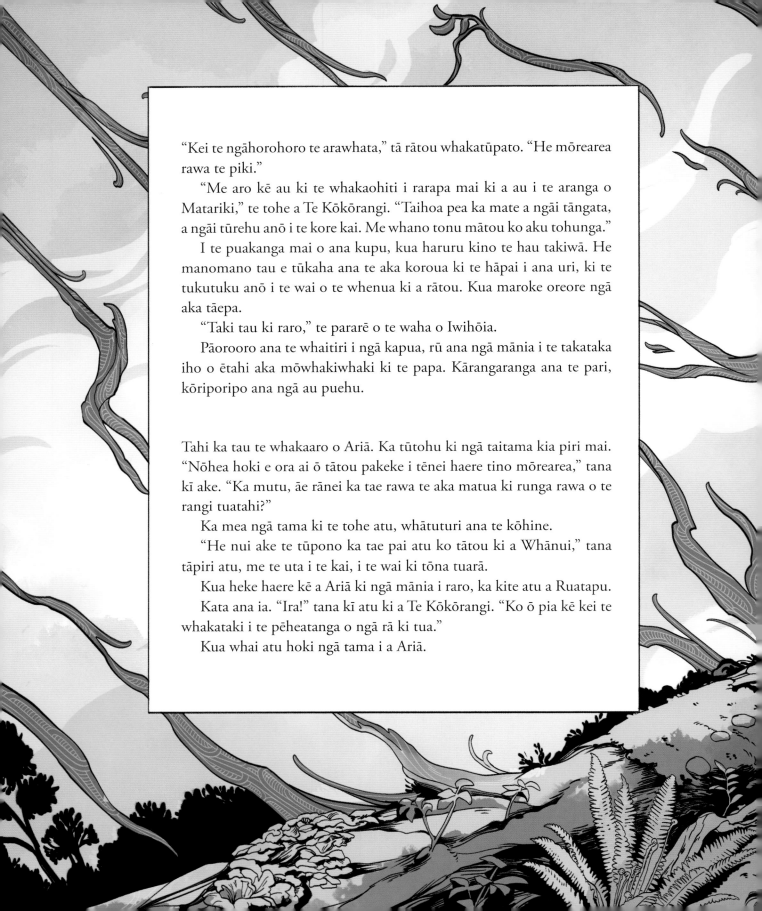

"Kei te ngāhorohoro te arawhata," tā rātou whakatūpato. "He mōrearea rawa te piki."

"Me aro kē au ki te whakaohiti i rarapa mai ki a au i te aranga o Matariki," te tohe a Te Kōkōrangi. "Taihoa pea ka mate a ngāi tāngata, a ngāi tūrehu anō i te kore kai. Me whano tonu mātou ko aku tohunga."

I te puakanga mai o ana kupu, kua haruru kino te hau takiwā. He manomano tau e tūkaha ana te aka koroua ki te hāpai i ana uri, ki te tukutuku anō i te wai o te whenua ki a rātou. Kua maroke oreore ngā aka tāepa.

"Taki tau ki raro," te pararē o te waha o Iwihōia.

Pāorooro ana te whaitiri i ngā kapua, rū ana ngā mānia i te takataka iho o ētahi aka mōwhakiwhaki ki te papa. Kārangaranga ana te pari, kōriporipo ana ngā au puehu.

Tahi ka tau te whakaaro o Ariā. Ka tūtohu ki ngā taitama kia piri mai. "Nōhea hoki e ora ai ō tātou pakeke i tēnei haere tino mōrearea," tana kī ake. "Ka mutu, āe rānei ka tae rawa te aka matua ki runga rawa o te rangi tuatahi?"

Ka mea ngā tama ki te tohe atu, whātuturi ana te kōhine.

"He nui ake te tūpono ka tae pai atu ko tātou ki a Whānui," tana tāpiri atu, me te uta i te kai, i te wai ki tōna tuarā.

Kua heke haere kē a Ariā ki ngā mānia i raro, ka kite atu a Ruatapu.

Kata ana ia. "Ira!" tana kī atu ki a Te Kōkōrangi. "Ko ō pia kē kei te whakataki i te pēheatanga o ngā rā ki tua."

Kua whai atu hoki ngā tama i a Ariā.

Rima
Ngā Takahanga Tuatahinga
i te Arawhata Nui

"He tika rānei tā tātou whakatau?" te ui a Tahi ki a Ariā, me te awhero anō o te ngākau, mea ake ka tīwaha mai a Te Kōkōrangi, "Hoi! E koutou, hoki mai!"

"Āe rā, he tika tāna whakatau," tā Iwihōia. "Kei ngākaurua te kaiārahi. Kei ētahi wā ko te whakataunga te mea nui."

"Ahakoa e hē ana pea te whakatau?" tā Mākura. "He kore nō tātou e pātai atu mēnā e pai mai ana te kuia."

"Kāore e kore kua 'kāo' mai ia," te whakahoki matangerengere a Ariā, "me te tohe mai mā ngā kauheke kē tēnei pīkaunga. Engari he wā anō kāore pea rātou e . . . mōhio . . . ki ngā mea katoa."

"Ariā!" te kuha a Tahi.

"Ko tō rātou ora, ko tō *tātou* ora anō te utu ki te kore e tutuki. He nui atu te tūpono ka pahawa i a tātou. Kāore nei koe i te kite? Tē taea e ō rātou tinana tēnei kakenga. Heoi anō, ki te hiahia hoki ake koutou tokotoru ki a Te Kōkōrangi, waiho mai mā māua ko Kurī tēnei kaupapa e whakatutuki."

"Ariā, kua wareware pea i a koe," tā Iwihōia, "nā mātou tonu koe i āwhina ki te tuku i te reo maioha i rewa ai Te Waka o Rangi ki runga." I konei ka pōpō ia i te upoko o Kurī. "Me i kore mātou, kua kore i puta ngā whetū o Matariki."

Huri atu ana a Kurī ki tana rangatira. Kei ōna karu hīnana te kōrero. *Kāore ngā taitama i te hoki, Ariā. Me whakapāha koe. Kei te mātua hiahia koe ki a rātou.*

Mōhio tonu a Te Kōkōrangi i tika te whakatau a Ariā, engari ka tere tonu tana whai atu. Ko Ruatapu me āna toa, ko ngā tohunga me ngā tūrehu kei muri e toitoi atu ana. "Me rongo rawa te Toi Huarewa i ā tātou karakia, mā reira e āhei ai ngā pia te piki," tana kōrero. "Ki te kore, ka nātia pea rātou ki ngā kawekawe o te aka matua."

Nō tana taenga ki te mānia, ka pāho atu tōna reo: "E te puiaki nui o te ao, tēnā tukua te mātātahi kia piki."

Tatangi ana ngā tātā, me te mumura mai anō pēnei i te pounamu nei. He ora pito! Kua piki, kua heke a Ariā mā i ngā pakiaka nunui, kua tae ki te arawhata.

"Kei te aumihi te Toi Huarewa ki a rātou," tā Te Kōkōrangi, me te tangi anō o tōna mapu. Tau ana tōna manawa i te mōhio kāore rātou i kotēhia kia kūmara penupenu te āhua.

Ka mea atu a Tahi ki a Ariā, "E kore rawa tēnei e taea e ngā kauheke, kua ngaengae kē tōku manawa." Ka titiro kōmuri ia ki ngā kaumātua, me te whakapupuke o te wai i ngā kamo.

Ko Ariā ia, ka tākare tonu ki te haere, ki te pare atu i te tūmatatenga, i te mataku ki rahaki. Kīhai ia i rongo i te karanga atu a Te Kōkōrangi ki a Iwihōia. "Ahakoa pēhea, kia mōhio mai koe: kua eke te wā ki a mātou ko aku tohunga, ko koutou rā, ko ngā pia, te anamata. Tiakina a Ariā, arahina anō hoki āna whakatau." He mōhio pai te kuia ki te haere mokemoke a te kaiarataki.

Tungou ana a Iwihōia. Kua ngaro atu a Ariā ki roto i ngā aka pōwhīwhiwhi. "Kia tere rā tātou," tā Iwihōia ki a Tahi rāua ko Mākura, me tana paku hōhā anō kua tuoma a Ariā ki mua kē haere ai. "Ariā, taihoa! Kāore e mahue i te kaiarataki tana apataki ki muri."

"Kua tino rite nei koe ki a Te Kōkōrangi."

"Tēnā kia āta haere," te tohe a Iwihōia. "Kia kite tonu tātou i a tātou. Ko koe ki mua, kātahi ko Tahi, ko Mākura, ko au te hiku."

Mapu kau ana a Ariā, "Āe."

Ka mea a Ariā ki te haere, ka aukatia anō e Iwihōia. "He aha?"

"Me mātua mōhio tātou kei te whai tātou i te ara tika."

E mea ana a Ariā ki te amuamu, kātahi ka kite atu i te aka tāepa e takawhīwhiwhi ana ki te aka matua. Ki hea noa iho pea takahi atu ai i tētahi o ērā ara, ka piki ki te rangi hē.

Ka tohu atu te ringa o Tahi. "Ko te aka matua te mea maota, ko ia e kawe ana i te wai mai i te pū ki te katoa o te Toi Huarewa. Ki te kitea he kakau mōwhakiwhaki, he rau kua parā, me hoki whakamuri tātou."

Ka mahuru i konei ngā whakaaro o Ariā. "Kua waia au māku anō ngā whakatau mōku — he pani hoki ahau. Uaua ana ki a au te whakapono ki ngā tohutohu pai a ētahi atu. Tēnā koutou i tā koutou whakamahara mai he mōhio anō koutou ki ētahi mea."

Kua kohimu atu a Tahi ki a Mākura, "Nō taua akoranga mō te whakatoitū i te ngahere i tamō ai ia."

"Kua rite tātou?" te pātai a Ariā.

"Kāore anō," tā Iwihōia. "Haere ake nei, mā tātou kē te karakia ki te aka matua. Kei te maumahara rānei koe ki ngā kupu?"

"Ai, e Hō, kei te tika anō tāu," tana kī ake. "E koro, e pai ana rānei kia kake atu mātou, ō mokopuna, i a koe?"

Tau ana te ngū ki te hau takiwā. Kātahi ka urupare te aka matua, mārū ana tērā te tangi o tana mapu. Kua tino roa hoki i te kōrerotanga mai a tētahi e pērā rawa ana te āhuru o te reo. Ngāeheehe ana ōna rau paraha, ānana, tuwhera mai ana te ara matomato i mua i a rātou.

Kua toitoi anō a Iwihōia. "Tahi rua toru . . ."

Tahi rua toru, tahi rua toru, *tahi rua toru*.

Hohoko ana te mau o te ringa, tētahi i muri i tētahi, hohoko ana te tau o te waewae. Ko te kakenga tēnei i kake ai ngā pia tokowhā me tā rātou kurī ki runga, ki runga, ki runga rawa. Kua makariri haere te hau takiwā, kua tata mai te pō. Ka ngau atu a Kurī kia iti nei i a Ariā.

"Eā, he aha koe i pēnā ai?"

Tītaha ana te upoko o Kurī. *Ka nui tēnei piki mō tēnei rā.*

Ka kitea e Ariā he wāhi pai, ko te kōhanga pea o tētahi kāhu tīkoke me ana pī i mua, ka whanga ki reira kia tae atu ngā tama.

"Ki konei tātou okioki ai i te pō nei," tana kupu atu. "Me penapena he kaha mō āpōpō."

"Kei te tere tō ako," te whakatoi a Iwihōia. "Māna . . . ko tētahi kei te paku tute i a koe?" Ka tūpou atu ia ki a Kurī, "Ka pai. He kurī pai koe."

Takaānini ana a Tahi, kāore ia mō te titiro ki raro. Ko Mākura, kua hemokai te tero, hei aha māna te māharahara ki tō rātou teitei. Wehewehea ana e ia te tuna maroke me te pikopiko. Kātahi ia ka pātai atu ki te aka, "E pā, he wai māori koa?" Whewhera mai ana he kawekawe, nō te pēhitanga atu e Mākura, ka māpuna mai he wai ki te mata.

"Nō hea tō mōhio ki tēnā mahi?" tā Ariā.

"Nō tētahi o ngā noho ki te ako i whakaaro ai koe hei aha māu aua akoranga."

"Te āhua nei he tohutohu kei ngā kupu a ngā tama," tāna ki a Kurī i a ia e mitimiti ana i te wai.

Takawiri ana, kokē ana, ngaehe ana te aka matua i te hau. Ānō nei he tāngaengae e hono atu ana ki te hōpara maota o Papatūānuku.

Ono
Ko Ranginui e Tū Nei, ko Papatūānuku e Takoto Nei

Kai mai ana te hurunga tuatoru o te rā ki te Toi Huarewa. Arā a Te Kōkōrangi me ana tohunga, kei te pūtake. Pō iho, ao ake, he karakia tonu tā rātou mahi.

"E pā, ki te hē ngā tamariki e piki nei i a koe, tēnā parea mai te hē ki a mātou ngā pakeke." I konei ka ara ngā mata o Te Kōkōrangi, mei kore ia e kite i a rātou, he kitenga poto noa. Heoi anō, kua ngaro noa atu i te tirohanga kanohi.

"Ka taea tonutia rātou te whai atu," tā Wīrepa. "He ara kē anō rānei e tae atu ai tātou ki a Whānui?"

"Karekau," tā Te Kōkōrangi. "Koinei tonu pea tā ngā atua i whakarite ai. He wā anō he whakarehurehu tonu te mahi a ngā atua. Me tae atu ngā pia ki runga rawa o te Toi Huarewa ā te wā e tika ana hei whakawhiti ki a Whānui."

"Kei te ihu hūpē tonu te kōtiro," tā Kūkūtai. "Ki te pai tā rātou mawhiti atu ki te whetū rā, me pēhea ia nei e ora ai i te ao o ngā atua? He ariki nui a Whānui. Kotahi anō karapatanga atu, ka mate pea te kōtiro. Kāore hoki i paku kātata tōna mana ki tō te whetū; kei te maikuku pango nei te rahi, kei te kore."

"Heoi anō, ko te kore te pitomata o ngā mea katoa," te utu a Te Kōkōrangi.

"Ā engari ki te ora pito ngā pia i te atua hautupua," te tohe a Āwhina, "me pēhea e hoki mai ai i a Whānui?"

"Ko tātou anō kāore i whai whakaaro ki tērā!" tā Te Kōkōrangi. "Ka riro mā Ariā anō tērā e raparapa."

Ka whakatata atu a Ruatapu. I te roanga o te pō e āwangawanga ana ia i te pakūtanga o ngā aka e whatiwhati ana i te arawhata, e takataka ana ki te papa.

"Kei te mōrearea rawa te noho ki konei," tana kupu ki a Te Kōkōrangi.

"E kore au e aro ki te kupu a te whiore hume," tana utu atu. "Kāore mātou i te neke."

I runga riro, ka rongo a Ariā i tētahi e ue ana i a ia, ka oho.

"Ariā," tā Iwihōia. "Kei te hiahia kite koe i te tākiritanga o te ata?"

E whātare mai ana te rā i te pae moana, kua tuhia te taha o te rangi ki te mākurakura, ki te pounamu, ki te kōwhai. Whēkite ana a Ariā i a Pekerangi i te tuakaihau.

"Āe," tā Iwihōia, "kei te kite hoki ahau i tō tāua maunga."

E kai mai ana te rā ki tōna mata. Kātahi anō a Ariā ka kite i te kaha tupu o Iwihōia. Kua taitama, ka mutu, he taitama āhua purotu anō pea. *Tō tāua maunga.* I te āhua tonu o te whakaahua ā-kupu a Iwihōia, kua kōingo a Ariā ki te kāinga. Kua tupu hoki te hiahia o Ariā kia mōhio ake ia ki tana hoa. "I pēhea tōu nā uru ki te kāhui pia?" tana pātai atu.

Titiro tītaha ana a Iwihōia ki a ia. "Nō te taenga mai o Te Kōkōrangi ki taku papa kāinga," tana tīmata ake, "ko te nuinga tērā pea e uru, ka whakangaro mōhū atu; kāore rātou i hiahia mahi mā te wahine, ahakoa ko Te Kōkōrangi. Engari au. Ka noho tonu au, ā, nāwai rā, ka kōwhiria ko au. Arā ētahi tama he ihumanea ake, engari e mātua hiahia ana te kuia ki tētahi ka piri tonu ki a ia, ka horopū, ka pūmau. I te putanga o ēnā kupu i tōna waha, nui atu taku manawareka ki a au anō. Ahakoa i uaua ki aku mātua — ko au hoki tā rāua huatahi — kāore rāua i aukati i a au."

"I te pīrangi tonu koe ki tēnei pīkaunga?" te ui a Ariā.

"Āe rā. Koinā te rerekētanga i a tāua; kāore koe i pīrangi. Waihoki ko te mea tino rerekē, ko te mea kāore i hiahia, ko ia kē te. . ."

"Te aha?!"

Karu atu ana a Iwihōia ki a Ariā, ko taua paku whanowhanoā anō ōna ki te kōhine nei kua pupū ake. "E hura ō kanohi ki a koe anō."

Kua kaha haere ngā reo, ka rongo a Tahi rāua ko Mākura, ka nohotū. Kua kore te pōuri i rongo rā a Tahi i te rangi o mua atu; e wehi tonu ana, e ānini tonu ana te māhunga, engari kua manahau i te mōhio e kakea ana te Toi Huarewa. "Kei te pai au, ki te kore au e titiro ki raro!" tana kōrero.

"Ki te pērā," te kohimu atu a Mākura ki a Ariā, "ka mīia tana tarau." Hoatu ana e ia he parengo maroke hei kai mā Ariā. "Me penapena ā tātou kai. Mō te haerenga atu ki reira, ahakoa ko hea ake a 'reira', otirā mō te hokinga anō."

"E whā anō ngā whitinga o te rā," tā Ariā. "Hei taua wā, me tae tātou ki te pae tika i te arawhata e rokohanga atu ai a Whānui. Kia tere ake tā tātou haere, nē?"

"Engari anō pea te 'nē' i te tohutohu noa mai," te mene a Iwihōia, "nē rā, e tama mā?"

"Kāti," tā Tahi, "whakamahia te taiaha a Taramainuku hei wawae i te ara mō tātou ki te raurau mātotoru."

"Engari kia kiato," tā Ariā, "tae atu anō ki a koe, Kurī."

Tītaha ana te upoko o Kurī. *Ha, tēnā kōrero hoki, āe! E whā kē ōku waewae; e rua noa iho ōu!*

Ka toro anō te waewae o Ariā ki te piki, ka pā mai te kōhengihengi.

"Tahi rua toru," te toitoi a Iwihōia. *Tahi rua toru*, tahi rua toru, *tahi rua toru*.

Kāore i roa, kua mōhio a Ariā ka uaua ake te haere i tēnei rangi i tō nanahi nei. Kua kaha haere te hau. Ka tae ki te ahiahi, kua kino te hautonga.

"Me piri ki te taha raki o te koroua aka nei, ki tōna taha whakaruru," te tīwaha a Iwihōia.

Ka heke te pāmahana. Ka mōkinokino te rangi. Kua ngaua ngā ringa e te mākinakina, i uaua ai te mau atu ki ngā aka. I te kaha warea o Ariā ki te para huarahi i te pururua, me tūpato kei kotiti kē a ia i te ara tika.

Waihoki te ua, he patapataiāwhā roa ka tau whakarere mai, i maota ai te āhua o ngā aka *katoa*.

"Kurī ē," te aurere a Ariā. "Me he parirau ōu, ko koe kē hei ārahi i a mātou!"

E, hei aha māku te parirau! Oma atu ana ia ki mua, hoki mai ana ki te auau, *Kaua e haere pērā*; tuoma atu ana ki mua, hoki mai ana ki te tohu anō ki a Ariā, *Mā konei kē. Au, au, auē hā!*

Heoi anō, he māmā tonu te kotiti, ka whai ai i te ara hē. Kia kotahi noa te takahanga hē o te waewae, ka mate.

I te roanga o te ahiahi, e kaha pīoioi ana ngā aka i ngā hau pūkeri nui, me te mea nei e mahi ana ngā hau kia ngahoro atu ngā pia. Uaua ana ki a Ariā te kite, i te ua makerewhatu e werowero ana i tōna mata. Ka whanga ia ki ngā tama. Puku ngakengake ana, pukukino ana te rangi.

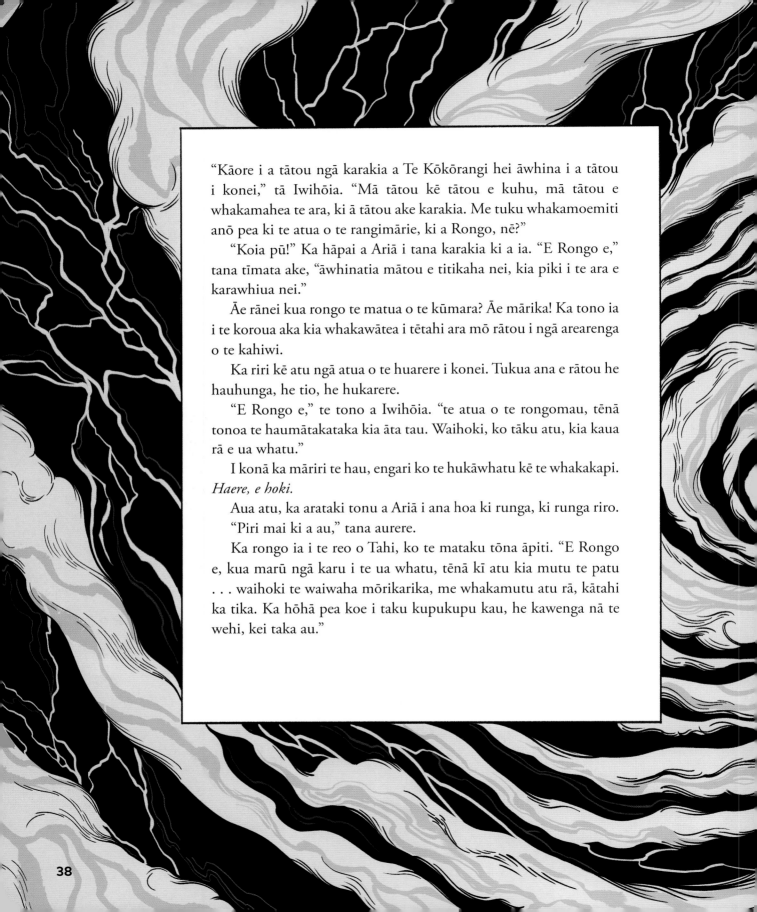

"Kāore i a tātou ngā karakia a Te Kōkōrangi hei āwhina i a tātou i konei," tā Iwihōia. "Mā tātou kē tātou e kuhu, mā tātou e whakamahea te ara, ki ā tātou ake karakia. Me tuku whakamoemiti anō pea ki te atua o te rangimārie, ki a Rongo, nē?"

"Koia pū!" Ka hāpai a Ariā i tana karakia ki a ia. "E Rongo e," tana tīmata ake, "āwhinatia mātou e titikaha nei, kia piki i te ara e karawhiua nei."

Āe rānei kua rongo te matua o te kūmara? Āe mārika! Ka tono ia i te koroua aka kia whakawātea i tētahi ara mō rātou i ngā arearenga o te kahiwi.

Ka riri kē atu ngā atua o te huarere i konei. Tukua ana e rātou he hauhunga, he tio, he hukarere.

"E Rongo e," te tono a Iwihōia. "te atua o te rongomau, tēnā tonoa te haumātakataka kia āta tau. Waihoki, ko tāku atu, kia kaua rā e ua whatu."

I konā ka māriri te hau, engari ko te hukāwhatu kē te whakakapi. *Haere, e hoki.*

Aua atu, ka arataki tonu a Ariā i ana hoa ki runga, ki runga riro.

"Piri mai ki a au," tana aurere.

Ka rongo ia i te reo o Tahi, ko te mataku tōna āpiti. "E Rongo e, kua marū ngā karu i te ua whatu, tēnā kī atu kia mutu te patu . . . waihoki te waiwaha mōrikarika, me whakamutu atu rā, kātahi ka tika. Ka hōhā pea koe i taku kupukupu kau, he kawenga nā te wehi, kei taka au."

Kāore he mutunga o te tātā mai a te huarere kino i te Toi Huarewa, mai i ngā hau e whā. Pakē ana, pūtārera ana ngā aka huri katoa i te tira e piki ana, purere atu ana ngā maramara, rere āwhiowhio atu ana ki te takiwā.

"Kia mau, kia ita," te hāparangi a Ariā. E kumekume ana ngā hau āwhiowhio i ngā tamariki, e mahi ana kia tangatanga te mau o ngā ringa ki te aka matua. *E taka, e taka, e taka.*

Mea ake ka paheke a Tahi, me te auē anō o te waha, mokori anō i reira a Mākura ki te tō mai i a ia ki haumaru.

"E Rongo e," te pararē a Mākura. "Nei rā mātou kua pau te hau, taihoa rā ka hemo kau. Kia tae atu mātou ki ngā kapua paratū, hei karo i ngā kino o te rangi whakawhiu."

Kāore i ārikarika te āwhina a te atua o te rongomau. Rere ana ngā kapua ki te tauawhi i ngā pia, ki te huna i a rātou i te nguha o te hau, o te hukāwhatu me te ua.

"Nuku mai ki konei," te pararē a Iwihōia.

He kimonga kanohi, kua karawhiu mai te uira ki te Toi Huarewa. Ahakoa mākū katoa i te ua, ka mura ake he ahi ki ētahi wāhi o te arawhata. He patapata muramura e heke iho ana i te rangi.

Whitu
Ka Tino Mōrearea a Ariā

Tau ana te kaumingomingo nui ki te mānia i raro.

Omaoma ana ngā tūrehu i ngā kora e rere iho ana i te rangi. Ka rere ki ngā pari, nunumi atu ana ki te wao.

Waihoki ngā toa a Ruatapu, kua taki oma anō, kua whai atu i ngā tūrehu me te ngawē o ngā waha. Tae atu hoki ki ngā kaiamo i a Ruatapu, tukua ana te amo kia taka ki te papa, pīwawa ana ki te kimi oranga mō rātou.

"Hoki mai," te hāparangi atu a Ruatapu, me te whai haere tonu atu i a rātou.

Ko Te Kōkōrangi me ana tohunga anahe ka noho tonu ki te mānia mataauahi.

"E Kui, me haere tātou" tā Wīrepa. "Ka mate tātou ki te noho tonu tātou ki konei."

Pupū ana te roimata i ngā kamo o Te Kōkōrangi. Kotahi atu anō tana karakia ki te Toi Huarewa, hei whakahaumaru i āna pia.

Engari kāore anō i mutu noa ngā whakararu kino: ka tīmata te tanuku haere o te arawhata, me te haruru nui anō. Ngāueue ana te whenua i te pakētanga o ngā pakiaka nunui e puta ake ana i te mata o Papatūānuku, e haehae ana i te mānia. Hāmama ana te whenua, me te horomi i ētahi o ngā toa a Ruatapu i a rātou e rērere ana. Ko Ruatapu anō tērā kei te waha o tētahi tawhātanga nui e tatutatu ana.

"Te Kōkōrangi," tana tangi. "Āwhina mai."

Auare ake, ko te takanga i taka ai, horopukutia ana e Papa.

He ruha nō Ariā mā i ngā mahi o tāinanahi, ka moe roa. I te hurunga tuawhā o te rā, ehara i te mea he rangi pōuriuri, engari kāore hoki i tino kaha te mārama.

"Kua raru anō tātou." Ka tohu atu a Iwihōia ki ngā pōkēkēao kua horahora ki te rangi. "Ko te tawhiti o te kite ki tua, e toru takahanga noa pea o te waewae. Me pēhea tātou e toipoto ai, kia kore ai tētahi e kotiti?"

"Me hoki ki te hono a te kiore," tā Ariā, "kia pērā anō me tā Ruatapu here i a tātou." He taura ka herea atu i a ia ki te tuarua ki a Tahi, atu i a Tahi ki te tuatoru ki a Mākura, ā, atu i a ia ki a Iwihōia.

"Ka pai, Ariā," tā Iwihōia, "Hoake tātou!"

"Ko te tere ake o te puta i tēnei wāhi nei, ko te painga ake," te koroingoingo a Tahi. "He aha rā ngā kēhua, ngā tupua, ngā nauwhea, ngā—"

"A koe me ō pohewatanga!" tā Mākura. "Kei te whakamataku kurī noa iho koe i a koe."

Heoi anō, tukua ana e Kurī tāna anō karakia, ki a Takurua, *Nei rā taku tau, e te atua o ngā kurī, kia arahina mātou i te pō uriuri.*

Kua rere anō te toitoi a Iwihōia, "Tahi rua toru."

Tahi rua toru, tahi rua toru, *tahi rua toru.*

Ko ngā ringa o Ariā ki te kukume whakarunga i a ia i waenga i ngā kapua. Ka wareware tonu atu ngā mea e whai mai ana i muri, kātahi ka rongo i te karanga a Iwihōia, "Ariā, *e tū.*"

I te āhua tonu o tōna reo, tau ana te wehi ki a ia. "He aha?"

"Kua motu te taura i waenga i a kōrua ko Tahi."

"Auē, taukiri ē," tana whakahoki atu.

"Kua kotiti rā a Tahi rāua ko Mākura. Kua ngaro atu ki hea rā o ngā kapua nei. Kei te haere au ki te kimi i a rāua."

"Kāo, kauaka," tā Ariā. Auare ake, kua haere kē a Iwihōia.

Kātahi a Ariā ka rongo i te reo o Iwihōia e kōrewa ake ana ki a ia, he kohete tāna i a Tahi rāua ko Mākura. "E aha ana kōrua i konei! Kua tino tawhiti nei kōrua i te ara tika."

Ka karanga anō ia ki a Ariā, "Kei te hoki atu mātou ki a koe."

Heoi anō, kīhai rātou i tae ake.

Ka auau a Kurī kia aro ai a Ariā ki a ia. Ka komo rawa i tana ihu ki te kanohi o Ariā, me kore ia e aro mai. *E whā aku waewae, ka mutu, e kore e ngaro he aha i tēnei ihu kurī!*

"Ka pai, Kurī," tā Ariā. "Haere ki te tiki i ngā tama."

Ngaro atu ana a Kurī, taro kau iho, ka ngarue kino te Toi Huarewa, me te mea nei he rū. Nō te tanukutanga o te arawhata i te pūtake i raro rawa, kua tautuku haere anō te koroua aka, kua wehe haere i te Toi Huarewa ake. Rutua ana a Ariā ki te papa i te kaha o te ngarue. Me i kore te taiaha a Taramainuku, kua paheke noa ia ki te poka tōrere. He mea tīhoka e ia te taiaha ki waenga i ētahi kawekawe mātotoru e rua hei pupuri māna.

Kātahi ka matata anō te Toi Huarewa. I konei ka perori kē atu te aka matua i ērā atu aka. Puare mai ana he angotanga nui i waenga i a Ariā, i ngā tama, me Kurī. Ko Ariā, e tāwēwē ana i runga tonu ake o te poka.

"Kia mau, Ariā," tā Iwihōia. "E āhei ana koe te kukume anō i a koe ki te tapa?"

Ka mahi a Ariā ki te tungou, "Ki taku mōhio." Pau rawa tōna kaha ki te ngoi atu ki te wāhanga o te arawhata e toitū tonu ana, ki reira kōpipiri ai ki te aka matua, me te wiri anō i te whētuki.

Ka rongo ia i a Kurī e pahupahu ana. "Kurī!" tāna tangi tīkapa atu. "Kurī!" Kua aua atu te wā ko Kurī tōna whakawhirinakitanga atu.

Rangona ana te aroaroā i te reo o te kōtiro, e kārangaranga ana i te nuku o te kapua tē taea te whakawhiti. Tū ana ngā taringa o Kurī, me te koroingoingo anō. Ki konā ia omaoma haere ai, kimikimi haere ai i te ara e whakawhiti ai ia i te angotanga. *Tēnei au te haere atu nei, e taku ariki.*

Kātahi ka kitea e ia he ara i te taha o tētahi tauwharenga matomato. *Ā, kei konā kē koe.* E tata ana a Ariā ki a ia, kāore i pērā rawa te whānui o te āputa hei whakawhiti māna.

Ngunguru ana tōna korokoro. *Ka taea e au tēnei.*

Ka tīmata ki te oma, ka mea ki te peke atu i te tawhā.

I konā ka rū ohorere anō te whenua, ka whānui ake te tawhā, ka hē.

"Kurī!" te tioro a Ariā.

Ka auē hoki a Kurī. Ko ana waewae pakupaku e hoehoe ana i te hau takiwā. Mea ake ka pā he hau mai i raro, ka whiua whakarungatia ia ki tūhāhā.

Taukuri ē, Ariā.

Waru
Te Aumoana Whetū

Nō te tuarima o ngā hurunga, kua whiti te rā ki runga o te Toi Huarewa. Kua ngahoro atu tētahi wāhi rahi tonu o te aka matua i raro i a Ariā. Arā a Iwihōia rātou ko Tahi, ko Mākura, kei kō tata atu, engari kei rāwāhi o tētahi tawhā nui. Tē taea e rātou te whakawhiti ki a Ariā, engari kāore hoki rātou i te hiahia kia whakarērea atu ia. Ka noho tonu, kia mōhio ai ia kei reira tonu ōna hoa.

Kai rikiriki ana te aroha i a Ariā ki a Kurī. "He aha rā au i karanga atu ai ki a ia," tana tangi.

"Ahakoa pēhea, kua tohe ia ki te hoki atu ki a koe," te hō atu a Iwihōia.

"Me tana mōhio anō he mōrearea tāna mahi," te tāpiri a Tahi.

"Engari i te kawenga a te aroha, ka tohe tonu," tā Mākura. "Kauaka koe e whakaaro nōu te hē."

E whētuki tonu ana a Ariā. Kua ngaro tōna māia, kua kore hoki i tino mōhio kei hea ake nei ia. Tauawhi ana ngā rau o te koroua aka i a ia.

Mea ake ka ngarue te wāhi o te aka tāepa e tū rā ngā tama.

"Ariā," te tīwaha a Iwihōia. "Kei te tanuku te wāhi o te Toi Huarewa e tū nei mātou."

"Kāo, kei mahue mai au," te tangi a Ariā.

Kātahi ka pā mai te taunu a te hau, e mahi ana kia taka atu ia. *Kei pōhēhē koe ka ora koe i te koroua aka nā. Tukua ia, e koro!*

Ka titiro a Iwihōia ki a Tahi rāua ko Mākura. "Ka mau au ki konei. Engari anō kōrua, me heke kōrua i mua i te . . ."

"Kāo," tā Tahi. "Kua piri tahi tātou mai i te tīmatanga. Ka mutu, kāore a Te Kōkōrangi e pai ina tuohu tātou."

"Kāore e pai te whakarere i a ia, kaua i tēnei wā," te āpiti a Mākura. "Me āwhina atu kia hoki mai ai tōna māia. Me piki tonu ia."

"Ariā," te tīwaha atu a Iwihōia, "me haere tonu koe. Me mātua tae atu koe i ngā hurunga e rua o te rā. Kei te pau haere te wā."

"Ki te taka au, ka pēhea?"

"Kāore te kaiarataki e whai whakaaro ki ngā '*ki te*'," tā Iwihōia. "Waihoki, ki te taka ia, ka matike ake, ka kake anō."

Nō te hurunga tuaono o te rā, ka kori anō ngā tama ki te whakatītina i a Ariā.

"Ariā, kia kamakama, hoatu, haere" tā rātou akiaki.

"He aha koia te take ko au te mea me haere?" tana whakautu. "He aha i kore ai e riro mā tētahi kē? Iwihōia, māu, mā te taitama kē e haere."

Ka kōmuhua e Iwihōia he karakia. "E Rongo e, kua wehi nei a Ariā, māu rā ia e āwhina."

Kua mau kē i a Iwihōia te hā o te karakia tuauri, ka tīmata tāna takutaku. Me te aha, ka uru noa a Ariā ki te hāpai tahi i ngā kupu.

"Kāti, kia tīmata anō taku piki."

I te whakahua noa o ngā kupu, ka hoki pai ia ki te mahi kei mua i tōna aroaro.

Ka rongo hoki te koroua aka i a ia. *Kei te hiahia whakatutuki tonu koe i tō kaupapa? Kāti, kia paku roa ake nei au e tū ana.*

"Engari tonu, e hine!" te karanga a Iwihōia. "Mai rā anō tō mōhio ki tētahi mea kāore rā mātou e mōhio: ki te pae tawhiti, ki te pae tangata e tika ana mōu."

Pōauau ana a Ariā. Ka anga atu te titiro ki ngā tama. Ko ia te take i ngaro ai a Kurī. Kei hemo anō ko ngā tama i te paunga o te kaha o te aka matua.

"Me heke kē koutou," tā Ariā ki a rātou. "E hoki ki te kāinga, ki Pekerangi."

Ka tīmata anō tana piki i te wāhi o te arawhata ki ngā whetū e tū tonu ana.

Ka rongo hoki a Ariā i ngā tama i raro noa atu e akiaki ana i a ia. Tahi rua toru, *tahi rua toru*, tahi rua toru, *tahi rua toru.*

"Me mātua tae au," tāna ki a ia anō, i a ia e pakanga ana ki ngā hau hūkerikeri.

Me he aumoana pango a tuarangi. Parahutihuti ana te pahure o te wā. Kīhai noa i taro, kua pō anō.

He reo koroheke e taiāwhio ana i a ia, e kohimu atu ana, *Kia kamakama, e kō.*

Ka haere tonu ia. Kake noa, kake noa i ngā rangi, hei aha i aro ai kei hea ake ia. Heoi anō te mahi, he piki. Ka piki, ka piki, ka piki.

Ka mea ā ka tae ki tētahi wāhi taukapokapo kei tawhiti pāmamao i a Papatūānuku. Me he poi kānapanapa a Papa. Ka āta nuku noa a Ariā i waenga i te mārama. Kua ngaro hoki ia. I konei ka tangi ki tōna hoa, ki a Hautoa, te ika-ā-whiro.

"Māu au e āwhina?"

Tēnā ia nā, titiro.

E pōauau tonu ana a Ariā. Heoi anō, ka kai haere ōna mata ki ngā rangi.

Kua tae kē koe ki ngā whetū.

Ehara, kua tae ia ki te wāhi e tūtaki ai ia ki a Whānui.

Engari kua tae atu i te wā tika?

Kohiko ana te rā ki runga o Pekerangi. Ko te hurunga tuawhitu tēnei o te rā. Ka kimi haere a Ariā i tōna maunga. Arā, kei te kitea atu!

"He aha rā te tohu hei rapu māku?" tana aurere.

Ka kite atu ia i tētahi kora pīata e piki ake ana i runga o Pekerangi. Me te mea nei he . . . waka.

Kiha kau ana a Ariā. Kua mōhio ia kua tīmata ngā mahi i kōrero mai rā a Te Kōkōrangi! Nō rātou ko ngā tama e kake ana i ngā rangi, kua hipa tonu te Wā me te Takiwā . . . e rua tau rawa kua hipa i runga o Papatūānuku.

Ka rarahi haere te kora. Ehara, he waka tonu! Ko te waka whetū whakahirahira tēnei, ko Te Waka o Rangi. Kua mutu tana okioki ki Rarohenga, kua rewa ake anō.

"Ko Taramainuku tēnei te haere mai nei!"

Ā, i taua wā tonu, ka ura mai ētahi poi e toru i te pōuriuri kei tua o Papatūānuku. He kahurangi tētahi, ka mutu e haruru haere mai ana.

"Arā a Whānui!" te umere a Ariā. Heoi anō, ka haukotia ōna whakaaro e te rū kino i raro tonu i ōna waewae. Tanuku atu ana te katoa o te Toi Huarewa ki raro riro, ki raro rawa, ki a Papatūānuku.

E peke, e kō, te karanga atu a te koroua aka.

I te tanukutanga o te Toi Huarewa, rere ana he ngaru hau i te moana-nui-a-rangi, me te paripari i te waka o Taramainuku.

"Kia mau," tāna kupu ki tana tira, ki te kāhui o Matariki. Pōauau pai ana rātou. Ko te tutū o te āheihei ki ngā rangi, ka tahi, ko ngā āhuatanga rerekē ki a Papatūānuku, ka rua. Kei hea kē te reo maioha o Te Kōkōrangi, tāna karakia i a rātou ka rewa ki runga ake o te maunga?

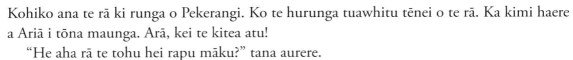

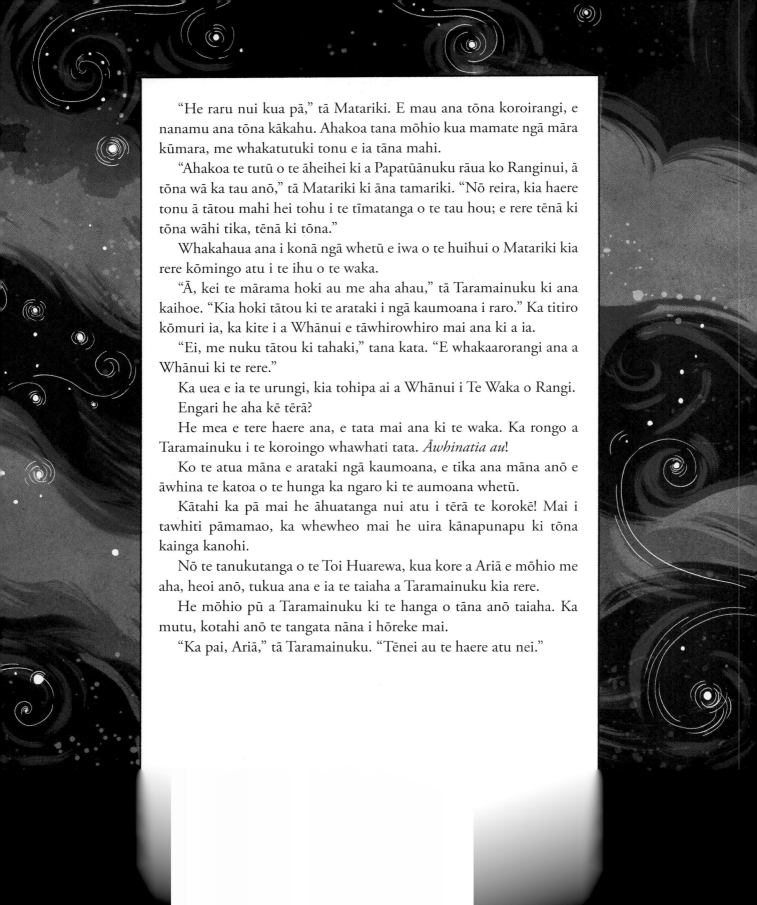

"He raru nui kua pā," tā Matariki. E mau ana tōna koroirangi, e nanamu ana tōna kākahu. Ahakoa tana mōhio kua mamate ngā māra kūmara, me whakatutuki tonu e ia tāna mahi.

"Ahakoa te tutū o te āheihei ki a Papatūānuku rāua ko Ranginui, ā tōna wā ka tau anō," tā Matariki ki āna tamariki. "Nō reira, kia haere tonu ā tātou mahi hei tohu i te tīmatanga o te tau hou; e rere tēnā ki tōna wāhi tika, tēnā ki tōna."

Whakahaua ana i konā ngā whetū e iwa o te huihui o Matariki kia rere kōmingo atu i te ihu o te waka.

"Ā, kei te mārama hoki au me aha ahau," tā Taramainuku ki ana kaihoe. "Kia hoki tātou ki te arataki i ngā kaumoana i raro." Ka titiro kōmuri ia, ka kite i a Whānui e tāwhirowhiro mai ana ki a ia.

"Ei, me nuku tātou ki tahaki," tana kata. "E whakaarorangi ana a Whānui ki te rere."

Ka uea e ia te urungi, kia tohipa ai a Whānui i Te Waka o Rangi.

Engari he aha kē tērā?

He mea e tere haere ana, e tata mai ana ki te waka. Ka rongo a Taramainuku i te koroingo whawhati tata. *Āwhinatia au*!

Ko te atua māna e arataki ngā kaumoana, e tika ana māna anō e āwhina te katoa o te hunga ka ngaro ki te aumoana whetū.

Kātahi ka pā mai he āhuatanga nui atu i tērā te korokē! Mai i tawhiti pāmamao, ka whewheo mai he uira kānapunapu ki tōna kainga kanohi.

Nō te tanukutanga o te Toi Huarewa, kua kore a Ariā e mōhio me aha, heoi anō, tukua ana e ia te taiaha a Taramainuku kia rere.

He mōhio pū a Taramainuku ki te hanga o tāna anō taiaha. Ka mutu, kotahi anō te tangata nāna i hōreke mai.

"Ka pai, Ariā," tā Taramainuku. "Tēnei au te haere atu nei."

Titihawa ana a Ariā i te kite atu i Te Waka o Rangi e huri ana, e ahu mai ana ki a ia. Ka rongo ia i ngā kaihoe e toitoi haere mai ana i te moana-nui-a-rangi. Hūkerekere ana te waka, kei mua kē i a Whānui e rere ana.

E urupou tonu ana a Ariā i te pō kerekere, e taka haere ana ki a Papatūānuku.

"Kia tere mai!" te tangi a Ariā.

Māringanui ka tae mai te waka, kapohia ake ana a Ariā ki ngā ringa o Taramainuku.

"Nā wai i korokē tēnei rā, kātahi ka korokē kē atu!" tā Taramainuku, me te kata anō. "Ka rua ai ngā hanga hou o runga o taku waka."

Ka rua?

"Nāu tēnei?" te whakamārama a Taramainuku. "Kua tata toremi te hanga nei, ka rongo au i a ia."

"Kurī!" te tangi anō a Ariā i te tūpeke mai a tana kurī ki te mitimiti i a ia.

"E whai ana pea kia tae atu ia ki a Takurua," tā Taramainuku. "Heoi anō, me mutu te kōrero, kei potapota noa tātou i a Whānui."

"Ko Whānui tonu taku whakamaunga atu," tā Ariā. Ka whakamārama atu ia i tana kaupapa.

Nāwai i tītoretore ngā whatu o Taramainuku, ka tītoretore kē atu. Ka pēnei ia, ahakoa korokē, mā wai e ui ngā whakaritenga a ngā mana tuauri. "Ka tautoko tonu au i taku tohu," tāna ki a Ariā, me te whakapā atu o te ringa ki te nawe i tōna mata. "Kua amaru tō kawe i tō nawe, ā, kua tāpiria atu ināianei ko te māia. Me whakanui tēnei ka tika."

Ka whakarīrā anō ia ki te urungi, me te ngunguru anō o te poho. Ehara, kua anga atu te waka ki te whetū kahurangi.

Iwa
I te Marae Ātea o te Atua o te Kūmara

E rua ngā whakapakoko nui whakaharahara e tūtei ana i te waharoa o te marae o Whānui.

"Kei te mōhio ki a koe e te ariki, Taramainuku," tā rāua kī, "engari ko wai te hanga wahine i tō taha?"

"He tangata. Tēnā tukua māua kia kuhu."

Ka kōrero ngā whakapakoko ki a rāua anō. "He tangata? I te ao o ngā atua?"

"Ko māua ko taku kākahu hei tāwharau mōna."

"Kāti, kei a koe. Engari e kore te Arikinui, a Whānui, e pai mai."

Ka tuwhera te tomokanga. "Auē e tai!" te aurere a Taramainuku.

Maru ana te marae i te tini noa o te kaumātua, o te kuia, tae atu ki ngā tūmau whērikoriko a Whānui. "Kei konei te taniwha me tana hikuroa anō," tāna ki a Ariā, "ka mutu he manuhiri tūārangi anō kua tatū mai. Arā kē taku wawata, kia hui atu tāua ki a ia, ki tōna kotahi."

Mōhio pai a Ariā ki te āhua o te atua maruwehi nei. He mea pūtiki tōna hina. Ka nekeneke tōna kahu rikoriko, ko te aho kōriporipo te āpiti.

"Ki muri koe i a au i ngā wā katoa," te whakatūpato a Taramainuku, "kaua hoki e titiro hāngai atu ki te kanohi o te ariki."

Auare ake, kua anga kē ngā mata o Ariā ki a Whānui.

Tere tonu te tū o te ringa o te ariki ki te haukoti i ngā whakahaere.

"E kai mai ana ngā kanohi o tētahi," tāna kupu.

"Ko te tikanga kua mōhio kē au," te mapu a Taramainuku, "ko te kōtiro kāore i āta karo i taku taiaha, ka mahi i tāna i hiahia ai."

Ka rongo a Whānui. Mōhio rawa ake a Ariā, kua whakapā kē mai te whetū ariki ki te nawe i tōna pāpāringa.

"Nāu tēnei tohu, Taramainuku?"

"Āe, e te ariki."

Kata ana a Whānui, me he kotakota e tatangi ana.

"Raumahara ana au." tā te ariki whetū. "Nōwhea hoki e tae mai ai he tangata ki waenga i a tātou?"

"I kakea e au te Toi Huarewa," te utu a Ariā.

"I whakaae anō te aka matua kia piki koe i a ia?" Kata kau ana te minenga i te kore e whakapono. "Nā te aha koe i ora ai?"

"He mea ako au e tōku kuia ki ngā karakia." Kukua ana i konei ōna ringaringa.

"He aha oti tō kuia i kore ai e haramai, me ana tohunga? Ko wai tōna ingoa?"

"He toitoi tonu a Te Kōkōrangi, engari kua takoki te waewae o Kūkūtai, ka ānini a Āwhina ina piki ia i ngā mea teitei, ā, kei te hē kē te hope o Wīrepa."

"Kāti, kei whea ō koha?"

"Ko au noa iho rā, e te ariki," tā Ariā, me te whakamā anō. "Auē, taukiri ē, ko te koha e tika ana hei mau mai māku, ko te kūmara tapu, kua kaikainga katoatia e te anuhe. Taihoa a ngāi tāngata ka matekai. E pai ana koa kia homai e koe he kōpura hou mā mātou?"

Nāwai i atawhai te āhua o Whānui, kua ripo ake ko te riri.

"Kei te mōhio koe, nē," tā te ariki whetū, "ko te kūmara kua roa e kaihorotia ana e ngāi tāngata, he mea whānako tonu i a au. Nāku tonu i tuku atu te anuhe i namata hei rānaki i tērā whānako."

"E pōuri ana au i tēnā rongo kino. Engari kaua rā e whiu tonu i a mātou, mā te kore e tuku i tō aroha ki a mātou."

I konā ka nui ake te riri o Whānui. "Kua tini whāioio ēnei tau e mātaki ana au i tō momo, e ora pai ana i ngā hanga kua tāhaetia, me te mea nei he atua kē ko koutou. He iwi kaiapo koutou. Ā, ahakoa kua āhua pērā anō hoki ngā anuhe, hei aha māku te whakaea i tāu e wawata nei."

"Kāti, me haere tāua, Ariā," tā Taramainuku. "Ko te kōrero ki a Te Kōkōrangi, koia kē te mea e hiahia rā a Whānui."

Kia kaha, Ariā, kōrua ko tō hinengaro auaha. Mai rā anō, ko koe taku kura huna.

Ka mārō te kanohi o Ariā. Me whakamātau anō.

Ka koni atu a Ariā ki te aroaro pū o te ariki whetū.

"Ka ora pea au i a koe, e te ariki" tana whaikupu. "Ā, ka ora pea koe i a au."

Kihakiha kau ana te minenga i tōna hia pai.

"He aha anō ō kupu ki a au?"

"Ko te mea kua ako au i tōku kuia, i a Te Kōkōrangi, mai i te orokohanga ake o te tangata i a Tāne, kua noho tahi tātou i runga i te kaupapa kotahi. Ko te tikanga nui kei te paihere i a tātou", te tohe tonu a Ariā, "ko te tauawhiawhi."

Tupu ana te māia o Ariā i konei, me te toro whakamua anō o tētahi waewae.

"He whakaritenga taupuhipuhi, e te ariki. Ki te kore e homai he kūmara mā te tangata, ka mate mātou. Ā, ki te mate mātou, he aha *tāu* nā kaupapa ki te ao? He aha te hua o ngā whetū o Matariki? He aha te painga o tō rātou aranga ake? He aha kē tā Whānui, mehemea ehara i te waitohu i te hauhakenga? Ka hē anō hoki te haere kōtui a Rongo rāua ko Tū. Ki te mate mātou, ka mate anō ko ngā atua."

Ngū ana te marae ātea. Kāore tētahi e tautoko mai i a ia?

Engari tonu! Ka koropiko a Taramainuku, me te whakahau i a Ariā kia pērā anō ko ia.

"Āe rā, e te ariki, kei te kōtiro te whakahīhī o tōna momo, engari kei te tika tāna," tana tīmata ake. "He aha te kaupapa nui o te ao rangiwhāwhā? Ahakoa kua ara te huihui o Matariki, kei reira rātou e ui ana e taukapokapo ana rātou ki te aha! Ira! E ui ana me pūahoaho rānei, me rehurehu rānei, māna . . . koia tēnei ko te . . ." — ka huri haere te titiro a Taramainuku ki te minenga — ". . . urupātanga o ngā mea katoa?"

Tekau
Te Hokinga Mai ki te Wā Kāinga

Kapokapo ana tērā ngā whetū i runga o Pekerangi. Kua huihui a Te Kōkōrangi rātou ko ana tohunga e toru ki te tihi. Kua tae mai hoki ngā rangatira o ngā mānia.

He maha ngā āhuatanga kua pā mai i te wā i kake haere ai a Ariā i te Toi Huarewa. Kua pahika a Te Kōkōrangi me ana tohunga i ngā toa a Ruatapu. Ahakoa kua hipa kē i te wā kia aumihia a Matariki, mā te aha i tā rātou hoki mai ki te mātairangi. Kua tae mai hoki te rongo i oraiti anō a Ruatapu i tana takanga atu ki te poka o Papa. E whakangā ana i muri i tana oraititanga.

"Ākuni koutou i a au," tana kupu taurangi.

Kāore i roa, ka tae mai anō hoki a Tahi rātou ko Mākura, ko Iwihōia. Kua heke haere i ērā wāhi o te aka e tū tonu ana, kua reti haere i ngā rau, kua tārere i ngā kawekawe hei whakawhiti i ngā āputa i te korenga o ngā peka, i te kōihitanga o ngā kawekawe. Rongo ana rātou i te ihiihi i te heke haeretanga, tae atu anō ki a Tahi. Engari me te anipā anō o te katoa ki a Ariā. Āe rānei kua tae ia ki runga rawa, ā, me i tae ki runga, mā hea mai anō ki raro?

"Ira!" tā Iwihōia, me te tohu atu o te ringa.

I *neke* tētahi o ngā whetū o Te Mangōroa. Ka mārama haere te hua o tētahi hanga kānapanapa. He waka whakahira e eke ana i ngā ngaru o te aumoana whetū whakahara. Pāorooro haere mai ana te toitoi waka a ngā kaihoe i te pōuri kerekere.

Haruru ana Te Waka o Rangi i tōna hipanga atu i te marama. Kī poha ana ngā kōmaru i te hau, ā, i te atarau, ka kitea atu a Taramainuku e whakatere ana i te waka kia poupou ake te heke.

"Pōuri ake," te tīwaha o tōna waha.

Ka tiripou mai te waka whetū ki a Pekerangi. Me he papā whatitiri te wani a te takere o te waka i te toi o Pekerangi.

"He utanga kei runga nei, ki taku mōhio, nāu," tā Taramainuku ki a Te Kōkōrangi. "Anei rā."

Tataha atu ana te waka i te maunga, mea ake kua piki haere anō ki ngā whetū.

Muia ana a Ariā e ngā taitama. "I mōhio mātou ka tutuki i a koe," tā Iwihōia.

"I tutuki i a *tātou*," tana whakahoki. Engari he aha i pēnei ai te titiro mai a Iwihōia ki a ia?

Me kore ake te awhi a Te Kōkōrangi hei huna i te pūwhero o ōna pāpāringa.

"E whanga ana ngā rangatira ki ngā kōpura hou," tā Te Kōkōrangi.

"He aha koe i mōhio ai ki te rā e hoki mai ai au?"

"Koia rā te mahi a te matakōkōrangi," tā Te Kōkōrangi, me te kata anō. "Ka mutu ko mātou tō whānau. Koinei rā tō kāinga . . . tō kōrua kāinga . . ."

Ka paku ngunguru a Kurī.

". . . ko Kurī."

PUFFIN

UK | USA | Canada | Ireland | Australia
India | New Zealand | South Africa | China

Puffin is an imprint of the Penguin Random House group of companies,
whose addresses can be found at global.penguinrandomhouse.com.

First published by Penguin Random House New Zealand, 2024

1 3 5 7 9 10 8 6 4 2

Text © Witi Ihimaera, 2024
Translation © Hēni Jacob, 2024
Illustrations © Isobel Joy Te Aho-White, 2024

The moral right of the author and illustrator has been asserted.

All rights reserved. Without limiting the rights under copyright reserved
above, no part of this publication may be reproduced, stored in or introduced
into a retrieval system, or transmitted, in any form or by any means (electronic,
mechanical, photocopying, recording or otherwise), without the prior written
permission of both the copyright owner and the above publisher of this book.

Design by Cat Taylor © Penguin Random House New Zealand
Prepress by Soar Communications Group
Printed and bound in China by Toppan Leefung Printing Limited

A catalogue record for this book is available from the
National Library of New Zealand.

ISBN 978-1-77695-813-9

The assistance of Creative New Zealand towards the production of this book is
gratefully acknowledged by the publisher.

penguin.co.nz

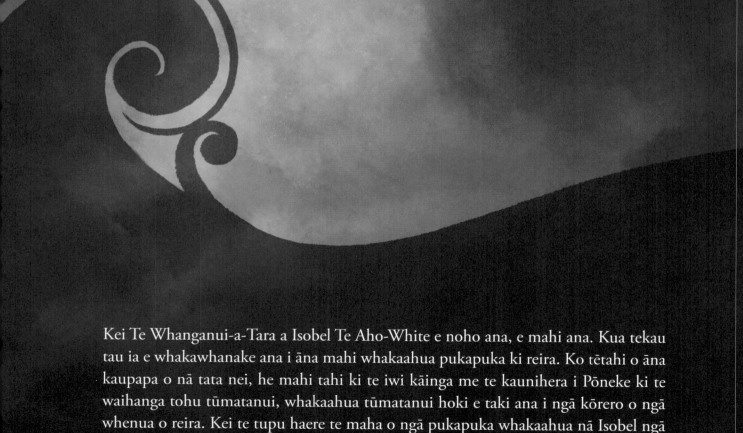

Kei Te Whanganui-a-Tara a Isobel Te Aho-White e noho ana, e mahi ana. Kua tekau tau ia e whakawhanake ana i āna mahi whakaahua pukapuka ki reira. Ko tētahi o āna kaupapa o nā tata nei, he mahi tahi ki te iwi kāinga me te kaunihera i Pōneke ki te waihanga tohu tūmatanui, whakaahua tūmatanui hoki e taki ana i ngā kōrero o ngā whenua o reira. Kei te tupu haere te maha o ngā pukapuka whakaahua nā Isobel ngā whakaahua o roto, waihoki, kua tino kanohi kitea i te New Zealand Book Awards for Children and Young Adults me te Storylines Notable Book Awards.